Schmid/Jungmann

Ludwig II.
und seine Märchenwelt

Marie-Luise Schmid/Thomas Jungmann

Ludwig II.
und seine Märchenwelt

rosenheimer

Inhalt

Contents

Vorwort

Im teuren, poesiedurchwehten Hohenschwangau, im lieben Berg, am Ufer des herrlichen Sees, auf den Gipfeln der Berge, in der einsam gelegenen Hütte oder in der Rokoko-Pracht meiner Gemächer im Linderhofe ist es mein höchster Genuss, der sich nie erschöpft, in das Studium fesselnder Werke mich zu vertiefen und darin Trost und Balsam zu finden für so manches Herbe und Schmerzliche, das die traurige Gegenwart, das mir sehr zuwidere 19. Jahrhundert, mit sich bringt.«

So lautet der Auszug eines Briefes, den König Ludwig II. im Jahre 1874 an seine ehemalige Erzieherin, Baronin von Leonrod, schrieb. Diese Worte spiegeln deutlich die Gemütsverfassung des menschenscheuen bayerischen Monarchen wider, der sich die meiste Zeit seines Lebens in eine unrealistische Traumwelt zurückzog. Von den Menschen unverstanden, baute er sich in der Abgeschiedenheit seiner Märchenschlösser sein eigenes Königreich.

Dieses Buch soll einen Einblick in die Persönlichkeit des beliebten Bayernkönigs und in seine Märchenwelt geben; wir begleiten ihn durch die wichtigsten Stationen seines Lebens bis zu seinem geheimnisumwitterten Tod im Starnberger See.

Linke Seite: Ferdinand Piloty malte 1865 den jungen König in der Generalsuniform.

Foreword

In precious, poetry-wafted Hohenschwangau, in the dear mountain, at the bank of the magnificent lake, on the peak of the mountains, in the secluded hut or in the rococo splendor of my chambers in Linderhof, it is my highest, neverending pleasure to sink into the study of enthralling works and find comfort and balm for quite some harshness and pain which the sad present brings, the nineteenth century I loathe so much.«

This is what it says in a letter, which King Ludwig II wrote to his former nurse, Baroness von Leonrod in the year 1874. These words clearly reflect his state of mind. The Bavarian monarch was very shy and feared close contact to other people, which lead him to withdraw into an unrealistic dream wold for most of the time in his life. He felt misunderstood by the people and built his own kingdom in the seclusion of his fairy-tale castles.

This book wants to give an insight into the personality of the popular King of Bavaria and into his fairy-tale world; we shall accompany him through the most important stations of his life until his mysterious death in Lake Starnberg.

Left Side: 1865 Ferdinand Piloty painted the young King in a general's uniform.

Schloss Nymphenburg, die Sommerresidenz der Wittelsbacher, wurde im 17. Jahrhundert von Kurfürst Ferdinand Maria für seine Gattin Henriette Adelaide von Savoyen erbaut und im Laufe der Jahre immer wieder umgestaltet und erweitert.

Nymphenburg Palace, the summer residence of the Wittelsbachs, was built in the seventeenth century by Elector Ferdinand Maria for his spouse Henriette Adelaide von Savoyen and was repeatedly reconstructed and extended throughout the years.

Stationen einer königlichen Kindheit

Schloss Nymphenburg und Schloss Hohenschwangau

101 Kanonenschüsse verkündeten am 25. August 1845 den Bürgern im nahen München die Geburt des Erbprinzen der Wittelsbacherdynastie. Eine halbe Stunde nach Mitternacht hatte Marie von Preußen, die Gattin des bayerischen Kronprinzen Maximilian, im Schloss Nymphenburg das »holde Knäblein« zur Welt gebracht. Der glückliche Großvater König Ludwig I. freute sich ganz besonders über diesen Zeitpunkt, da er doch genau mit seinem eigenen Geburtstag und dem Namenstag des heiligen Ludwig zusammentraf. Der Prinz sollte zunächst den Namen Otto erhalten, auf den Wunsch des Großvaters wurde er jedoch dann Ludwig Friedrich Wilhelm getauft.

In Schloss Nymphenburg mit seinen großzügigen Parkanlagen hat sich der heranwachsende Kronprinz öfter aufgehalten, die meiste Zeit verbrachte er jedoch in der Sommerresidenz der Familie, Schloss Hohenschwangau bei Füssen. Umgeben von Alpsee und Schwansee, inmitten einer herrlichen Berglandschaft, thront die Schlossburg mit ihrem mittelalterlichen Charme. Die Welt der Ritter und Sagen, die als Gemälde die Wände der Wohnräume schmückte, regte die Phantasie des jungen Kronprinzen mächtig an und begleitete ihn ein Leben lang.

Zu den Erziehungsprinzipien der damaligen Zeit gehörten Disziplin und Mäßigung, was für Ludwig und seinen drei Jahre jüngeren Bruder Otto meist karge Mahlzeiten und ein immenses Lernpensum bedeutete. Der Vater, Maximilian II., war ein eher kühler Mensch mit strengen Prinzipien, die Mutter, Prinzessin Marie, konnte dem interessierten Thronfolger nur wenig vermitteln. Sie zog »leichtes Geplauder« ernsthaften Gesprächen vor und war von Ludwigs tiefgründigen Fragen häufig überfordert. Der hochsensible Heranwachsende fühlte sich unverstanden und zurückgewiesen, er vermied schon bald jeden engeren Kontakt mit ihr. Später entwickelte sich daraus Hass und Abscheu gegen die »Prosa« seiner Mutter. Zu seinem Großvater, dem Freund der schönen Künste, und zu seiner Erzieherin Sibylle Meilhaus, später Baronin von Leonrod, entwickelte er dagegen ein enges, vertrautes Verhältnis. Sie nahmen ihn in seiner Empfindsamkeit ernst, was er in seinem Elternhaus vermisste.

So ist es nicht verwunderlich, dass sich Ludwig schon früh in eine Traumwelt zurückzog und seine freie Zeit mit Lesen, Wandern und Fischen an seinem geliebten Alpsee verbrachte. Schon vor dem Morgengrauen ruderte er auf dem stillen Bergsee, den er bereits mit fünfzehn Jahren in nur zwanzig Minuten durchschwamm. Später ließ er sich bisweilen an einer Hütte oberhalb des Hanges im Freien den Tisch decken, um in der Stille der Nacht die Schönheit dieses Ortes auf sich wirken zu lassen.

Stations of a Royal Childhood

Nymphenburg Palace and Hohenschwangau Castle

101 cannonshots announced the birth of the hereditary prince of the Wittelsbach dynasty to the citizens of nearby Munich on August 25, 1845. Half past midnight, Marie of Preußen, the wife of the Bavarian Crown Prince Maximilian, had given birth to a »sweet little boy« in Nymphenburg Palace. The delighted grandfather, King Ludwig I, was especially happy about this hour, because it coincided with his own birthday and the christening day of Saint Ludwig. The Prince was at first to be named Otto, but following grandfather's wish, he was christened Ludwig Friedrich Wilhelm.

In his childhood, the Prince Royal often stayed in Nymphenburg Palace with its extensive parks, but he spent most of his time at the family's summer residence, Hohenschwangau Castle near Füssen. Surrounded by the Alp Lake and the Swan Lake, in the middle of a magnificent mountain landscape, the palace-castle thrones with its medieval charm. The world of knights and legends in paintings decorating the walls of the chambers highly excited the young Prince Royal's fantasy and accompanied him throughout his life. The educational principles of that time included discipline and restraint, which usually meant for Ludwig and his three years younger brother Otto frugal meals and an immense amount of learning. The father, Maximilian II, was more of a cold person with strict principles, the mother, Princess Marie, could share only little with the bright Prince Royal. She prefered »light conversation« to earnest discussions and was often at a loss with Ludwig's profound questions. The highly sensitive child felt misunderstood and rejected, he soon avoided any kind of close contact to her. Later, hatred and disgust developed towards his mother's »prose«. Whereas to his grandfather, the friend of the arts, and to his nurse Sibylle Meilhaus, later Baroness von Leonrod, he developed a close, trustful relationship. They respected him in his sensitivity, something that he lacked at home.

Thus, it is not astonishing, that Ludwig retreated into his dream world very early and passed his free time reading, hiking and fishing in his beloved Alp Lake. Before dawn he would row on the quiet mountain lake, as a fifteen-year-old he could already swim across in just twenty minutes. Later he sometimes ordered the table to be set at a hut above the slope where the beauty of this place could affect him.

Der fünfgeschossige Zentralbau wurde 1716 von Max Emanuel um zwei seitlich angeordnete Villen im italienischen Stil erweitert. Unter ihm entstanden auch die Kaskade im Park, die Stallungen und die Gartenschlösser Badenburg, Pagodenburg und Magdalenenklause. Karl Albrecht ließ die kleinen Pavillons um den künstlich angelegten See und das Jagdschlösschen Amalienburg erbauen.

The five-story center building was extended in 1716 by Max Emanuel with two Italian style villas located on both sides. Also under his reign the cascade in the park, the stables and the garden palaces Badenburg, Pagodenburg and the Magdalenenklause were developed. Karl Albrecht had the small pavilions around the artificial lake and the hunting castle Amalienburg constructed.

Unter Maximilian III. Joseph wurde der Steinerne Saal um die Stuckverzierungen von Johann Baptist Zimmermann und die Raumausstattung des bekannten Architekten François de Cuvilliés bereichert.

Under Maximilian III Josef's reign, the stone hall was enriched with stuccos by Johann Baptist Zimmermann and with the interior decorating of the famous architect François de Cuvilliés.

<u>Oben:</u> Der »Blaue Salon« befindet sich zwischen Ludwigs Geburtszimmer und der bekannten Schönheitsgalerie.

<u>Unten:</u> Die Innenräume von Schloss Nymphenburg, wie dieses Vorzimmer, bestechen durch ihre schlichte Eleganz.

<u>Top:</u> The »Blue Salon« is between Ludwig's birthchamber and the famous Gallery of the Beauties.

<u>Bottom:</u> The chambers of Nymphenburg Palace such as this antechambre impress by their simple elegance.

Im Marstallmuseum, das im südlichen Anbau von Schloss Nymphenburg untergebracht ist, sind heute die Prunkschlitten und -wagen von Ludwig II. ausgestellt. Die prachtvoll verzierte Hochzeitskutsche, die der König für seine Verlobte Sophie bauen ließ, kam nie zum Einsatz

In the Marstall Museum, situated in the southern annex of Nymphenburg Palace, the state sleighs and carriages of Ludwig II are exhibited. The magnificently ornamented wedding-carriage, that the King had built for his financée Sophie, was never used.

Den Sommer verbrachte die königliche Familie überwiegend in Schloss Hohenschwangau bei Füssen, am Fuße der Allgäuer Alpen.

The summer was mostly spent by the royal family in Hohenschwangau Castle near Füssen at the foot of the Allgäu Alps.

Maximilian II. ließ die aus dem 12. Jahrhundert stammende Burgruine der Staufer im neugotischen Stil wiederherstellen und mit romantischen Fresken aus der mittelalterlichen Sage und Geschichte schmücken.

Maximilian II had the castle ruins of the Staufer dynasty from the twelfth century rebuilt in the neogothic style and decorated with romantic frescos from medieval tales and history.

Der Alpsee in seiner malerischen Schönheit unter dem mächtigen Säulingsmassiv war der Lieblingssee von König Ludwig II. Auf ihm wurde anlässlich des zwanzigsten Geburtstags des Königs die Ankunftsszene aus der Wagner-Oper »Lohengrin« aufgeführt. Im Schein eines grandiosen Feuerwerks zog ein weißer Schwan einen Kahn, in dem ein Sänger im Silberpanzer stand, über den See.

The Alp Lake in its picturesque beauty under the mighty Säulings Massif was King Ludwig's II favorite lake. On the occasion of the King's twentieth birthday, the arrival scene from Wagner's opera »Lohengrin« was performed on it. In the blaze of spectacular fireworks a white swan pulled a boat, in which a singer stood in silver armour, across the lake.

Das prächtige Alte Residenztheater, das als Cuvilliéstheater nach dem berühmten belgischen Architekten François de Cuvilliés benannt ist, gilt als ein Schmuckstück des Rokoko und ist Teil der alten Residenz. Vis-a-vis der Bühne befindet sich die Königsloge, in der Ludwig II. die Aufführungen mit Spannung verfolgte.

The magnificent old Residential Theater, the Cuvilliés Theater, named after the famous Belgian architect François de Cuvilliés, is considered a jewel of the rococo and is part of the old residence. Facing the stage, the King's lounge is located, in which Ludwig II followed the performances with great excitement.

Im Bann Richard Wagners

Münchner Residenz und Nationaltheater

Als König Maximilian II. am 10. März 1864 nach kurzer Krankheit unerwartet starb, bedeutete dies für Ludwig ein jähes Ende der Jugendzeit. So wurde dem schönen, hoch gewachsenen Thronfolger viel zu früh die schwere Bürde des Regenten aufgelastet.

Er schrieb am 17. März 1864 an seine ehemalige Erzieherin Baronin von Leonrod: »Der liebe Gott wird mir sicher seinen Beistand in meinem schweren Berufe nicht versagen; ich bringe ein Herz mit auf den Thron, das in väterlicher Liebe für sein Volk schlägt, für seine Wohlfahrt erglüht; davon können alle Bayern überzeugt sein!«

Von den Regierungsgeschäften völlig in Anspruch genommen, fühlte er sich bald überfordert von dieser schwierigen, verantwortungsvollen Aufgabe. Ludwig verbrachte seine wenigen freien Stunden am liebsten fern von der Münchner Residenz, in der Abgeschiedenheit der Bergwelt von Hohenschwangau, und widmete sich dort seinen Traumgestalten. So ist es verständlich, dass er schon kurz nach seiner Thronbesteigung 1864 seinen hoch verehrten Meister Richard Wagner suchen ließ, dessen Musik eine unwiderstehliche Anziehungskraft auf ihn ausübte. Schon als Jugendlichen hatte ihn eine Aufführung des »Lohengrin« im Münchner Hoftheater fasziniert. Von dieser Zeit an begeisterte ihn Wagners musikalische Inszenierung der mittelalterlichen Sagenwelt, einer Welt, die er ja bereits aus früher Kindheit kannte.

Der hoch verschuldete und von seinen Gläubigern verfolgte Komponist begegnete dem jungen König am 4. Mai 1864 zum ersten Mal. Von diesem Tag an begann eine einzigartige Freundschaft zwischen dem damals einundfünfzigjährigen Künstler und dem schwärmerischen Monarchen. Ein reger Briefverkehr bezeugt die leidenschaftliche Bewunderung, die Ludwig Richard Wagner und seinem Werk entgegenbrachte. Darin bezeichnet der König seinen hoch verehrten Meister als »Geliebten«, »Heiligen« oder »Inbegriff meiner Seligkeit«. Er wurde zu seinem Gönner, indem er ihn aller finanziellen Sorgen entledigte. Im Laufe der Zeit nutzte Wagner die Großzügigkeit seines fürstlichen Mäzens jedoch durch immer dreistere Forderungen schamlos aus und mischte sich auch in innenpolitische Dinge ein. Dies brachte die Münchner Bevölkerung und das Kabinett gegen ihn auf.

Ludwig gab dem massiven Druck der Öffentlichkeit nach und verbannte Wagner am 10. Dezember 1865 schweren Herzens vom Hof, ein Verlust, den er nie verschmerzte. Auch die Pläne für ein von Gottfried Semper 1865 geplantes Festspielhaus in München, das über den Isarufern thronen sollte, scheiterten; dieser Traum von Richard Wagner konnte jedoch später in Gestalt des Bayreuther Festspielhauses durch die Unterstützung des Königs doch noch Wirklichkeit werden.

Tief gekränkt über den Verlust des Freundes zog sich Ludwig immer mehr aus »der unseligen Stadt« in seine Bergwelt zurück. Dem bewunderten Komponisten hielt er dennoch bis zu dessen Tod am 13. Februar 1883 die Treue.

Die Uraufführungen von Wagner-Opern wie »Tristan und Isolde«, »Die Meistersinger von Nürnberg« und »Die Walküre« fanden dank Ludwigs Einfluss im Münchner Nationaltheater statt. Später ließ der König dort gern »Separatvorstellungen« aufführen, die nur für ihn stattfanden und bei denen ganz allein er im Zuschauerraum saß. Er begann sich immer mehr in die Welt der Poesie, der Musik und des Theaters zurückzuziehen und die Regierungsgeschäfte zu vernachlässigen. Als im Jahr 1866 der Krieg gegen Preußen ausbrach, hielt sich Ludwig auf der Roseninsel im Starnberger See auf. Bayern, das an der Seite Österreichs in den Krieg eintrat, erlitt schon nach kurzer Zeit eine Niederlage. Der Deutsche Bund wurde aufgelöst und Bayern schloss ein geheimes »Schutz- und Trutzbündnis« mit Preußen. Ludwig, der alles Militärische verabscheute, musste immer wieder erkennen, dass seiner königlichen Macht enge Grenzen gesetzt waren. Seine Minister konnten gemäß der Verfassung von 1818 weitgehend selbststandig agieren, sodass er sich bald als reine Reprasentationsfigur verstand und noch häufiger enttäuscht aus der ungeliebten bayerischen Metropole in die Einsamkeit der Berge floh.

Under the Spell of Richard Wagner

Munich Residence and National Theater

When King Maximilian II died unexpectedly on March 10, 1864 after a short illness, this meant the sudden end of youth for Ludwig. The beautiful, tall successor to the throne was loaded with the regent's burden far to early.

On March 17, 1864 he wrote to his former nurse Baroness von Leonrod: »God will certainly not withhold his support for my difficult profession; I bring a heart to the throne, that beats in fatherly love for its people, glows for its welfare; this, all Bavarians can trust in!«

Completely occupied by the administration, he soon felt overstrained by this difficult and responsible duty. Ludwig prefered to spend his few spare hours away from the Munich Residence in the seclusion of the mountains of Hohenschwangau and dedicated himself to his dream figures. Thus it is understandable that, shortly after having ascended the throne in 1864, he ordered a search for his beloved master Richard Wagner, whose music attracted him irresistably. As a teenager he had already been fascinated by a performance of »Lohengrin« in the Munich Court Theater. From this time on, Wagner's musical staging of the medieval realm of myth, a world familiar to him since childhood, excited him.

Highly in debt and being chased by his creditors, the composer met the King for the first time on May 4, 1864. From this day on, an exceptional friendship began between the fifty-one year old artist and the enthusiastic monarch.

A vivid correspondence testifies the passionate adoration Ludwig felt for Richard Wagner and his work. The King calls his highly esteemed master »love«, »saint« or »essence of my bliss«. He became his benefactor by releaving him of all financial worries. In the course of time, however, Wagner exploited his royal patron's generosity with increasingly bold demands and interfered with domestic policies. This infuriated the Munich citizens and the Cabinet.

Ludwig gave in to massive public pressure and, heavy at heart, banned Wagner from the court on December 10, 1865, a loss he never recovered from. Also the plans for a festival theater designed by Gottfried Semper that should have throned the banks of the Isar failed; this dream of Richard Wagner would later be realised in the Bayreuth Festival Theater with the help of the King.

Deeply hurt by the loss of his friend, Ludwig drew back more and more from »the wretched city« to his mountains. He kept his faith to the adored composer until his death on February 13, 1883.

The first performances of Wagner operas such as »Tristan und Isolde«, »Die Meistersinger von Nürnberg« and »Die Walküre« took place in the Munich National Theater, thanks to Ludwig's influence. Later the King liked to have »separate performances« played only for himself, sitting alone in the auditorium. He increasingly began to retreat into the world of poetry, music and theater and neglected his administrative duties. When war against Prussia broke out in the year 1866 Ludwig was on the Rose Island in Lake Starnberg. After joining in the war together with Austria, Bavaria soon suffered a defeat. The »German Union« was nullified and Bavaria entered into a secret »defensive and offensive alliance« with Prussia.

Ludwig, who abhorred everything military, had to experience again and again, that his royal power was very limited. Due to the constitution of 1818, his ministers mainly could act independently, so that he soon began to realise he was only a representational figure, and, even more disillusioned, escaped from the unloved Bavarian capital into the loneliness of the mountains.

Im Koniglichen Hof- und Nationaltheater am Max-Joseph-Platz ließ Ludwig II. einige Wagner-Opern uraufführen. Später fanden dort für ihn unzählige Separatvorstellungen statt.

Linke Seite: Die Münchner Residenz am Max-Joseph-Platz war der Stammsitz der Wittelsbacher. Als Kronprinz hatte Ludwig ein eigenes Appartement im obersten Stockwerk des »Festsaalhauses«, das später einen separaten Zugang über die Residenzstraße erhielt.

In the Royal Court and National Theater at the Max-Joseph Court, Ludwig II had several Wagner operas performed for the first time. Later separate ones for him alone were held there.

Left Side: The Munich Residence at the Max-Joseph Square was the seat of the Wittelsbachs. As Prince Royal, Ludwig had his own appartment on the top floor of the »Festsaalhaus«, far away from his parent's chambers. Later, as King, he insisted on an own entrance off the Residence Street, decorated with thirty frescoes from the Nibelungen Saga.

Schloss Possenhofen war die Sommerresidenz von Herzog Max in Bayern, dem Oberhaupt einer wittelsbachischen Nebenlinie. Das ursprünglich mittelalterliche Schloss wurde 1950 vom Freistaat Bayern an einen Immobilienhändler verkauft und beherbergt heute luxuriöse Eigentumswohnungen.

Possenhofen Castle was the summer residence of Duke Max in Bavaria, the head of the Wittelsbach collateral line.
The castle, originally medieval, was sold to a broker by the Bavarian government in 1950 and houses luxurious appartments today.

Ludwig, Kaiserin Elisabeth und Sophie

Schloss Possenhofen und die Roseninsel

Seit seiner Jugendzeit fühlte sich Ludwig II. sehr zu seiner acht Jahre älteren Kusine »Sissi« hingezogen, die 1854 als Elisabeth II. Kaiserin von Österreich werden sollte. Die Tochter des Herzogs Max in Bayern wohnte mit ihren Eltern und sieben Geschwistern zur Sommerzeit in Schloss Possenhofen, gegenüber von Schloss Berg am Starnberger See, wo Ludwig gerne seine Zeit verbrachte. Der Herzog, wegen seiner Liebe zur Volksmusik auch »Zithermaxl« genannt, hielt nicht viel vom höfischen Zeremoniell. Er war volksnah und vermittelte seinen Kindern die Liebe zur Natur. Sissi wurde eine begeisterte Reiterin und Bergsteigerin, sie liebte Musik und Poesie und schrieb schon bald romantische Gedichte. Umso unglücklicher war sie, als ihre Mutter, die Herzogin Ludovica, schon früh »eine gute Partie« für sie arrangieren konnte. Die Ehe mit dem Österreichischen Kaiser Franz Joseph I., der sehr in seine Staatsgeschäfte eingebunden war, war alles andere als harmonisch. Was sie an Verständnis bei ihrem Ehemann vermisste, fand sie bei ihrem Seelenverwandten Ludwig. Immer wieder trafen sie sich, später auch heimlich auf der Roseninsel im Starnberger See, um gemeinsam zu schwärmen, sich auszutauschen und die Natur zu genießen. So entstand eine tiefe platonische Beziehung. Sie nannten einander »Adler« und »Möwe« und hinterließen sich gegenseitig in einem Schreibtischfach im Schloss auf der Roseninsel Gedichte.

So schrieb Sissi an Ludwig 1885 den Vers:

Du Adler, dort hoch auf den Bergen,
Dir schickt die Möwe der See
Einen Gruß von schäumenden Wogen
Hinauf zum ewigen Schnee.
Einst sind wir einander begegnet
Vor urgrauer Ewigkeit,
Am Spiegel des lieblichsten Sees
Zur blühenden Rosenzeit.

Als die Kaiserin später im Jahr 1886 von Ludwigs Tod erfuhr, soll sie ausgerufen haben: »Der König war kein Narr, nur ein in Ideenwelten lebender Sonderling. Man hätte ihn mit mehr Schonung behandeln müssen!«

Der angebliche Rettungsversuch Sissis, die Ludwig nach seiner Verhaftung zur Flucht habe verhelfen und ihn mit bereitstehendem Kahn und Kutsche außer Landes bringen wollen, konnte nie bewiesen werden.

Während seiner Besuche in Possenhofen, die er häufig mit seinem königlichen Privatdampfschiff »Tristan« unternahm, entwickelte Ludwig auch eine freundschaftliche Zuneigung zu Sissis jüngerer Schwester Sophie. Sie teilten die Begeisterung für Richard Wagners Musik und schrieben sich Briefe als »Elsa« und »Heinrich«, nach Figuren aus Wagners Werk »Lohengrin«. Sophie sang ihm stundenlang Wagner-Arien vor, und die Besuche Ludwigs in Possenhofen im Jahr 1866 häuften sich.

Die standesbewusste Herzogin, Sophies Mutter, witterte erneut eine Chance für eine ihrer Töchter und drängte Ludwig, ernste Schritte zu unternehmen. Ansonsten würden seine Besuche aus Gründen der Etikette untersagt. So gedrängt, ließ der König sich schließlich am 22. Januar 1867 zu einem Heiratsantrag hinreißen, was von der Bevölkerung jubelnd aufgenommen wurde. Gedenkmünzen mit dem Porträt des jungen Paares wurden geprägt, eine kostbare Hochzeitskutsche fertig gestellt und in der Residenz Gemächer für die junge Braut eingerichtet. Doch Ludwig schob den Termin für die Hochzeit immer wieder hinaus. Als ihm der entnervte Brautvater ein Ultimatum stellte, löste er die Verlobung noch im Oktober auf. Erleichtert schrieb er am 7. Oktober 1867 in sein Tagebuch: »Sophie abgeschrieben. Das düstere Bild verweht, nach Freiheit dürstet mich, nach Aufleben von qualvollem Alb.«

Seinem Tagebuch vertraute der von Frauen umschwärmte König auch immer wieder seine »Abartigkeit«, wie er seine homosexuellen Neigungen nannte, an. Er fühlte sich »unrein« und flehte um Erlösung von dieser »Schuld«. Es ist deshalb äußerst zweifelhaft, ob er seinen homoerotischen Trieb jemals wirklich ausgelebt hat.

Ludwig, Empress Elisabeth and Sophie

Possenhofen Castle and the Rose Island

Since his childhood, Ludwig II felt very attracted to his eight years older cousin »Sissi«, who became Empress of Austria as Elisabeth II in 1854. In the summertime, the daughter of Duke Max in Bavaria lived with her parents and seven brothers and sisters in Schloss Possenhofen, across from Berg Castle at Lake Starnberg where Ludwig liked to spend his time. The Duke, also called »Zithermaxl« because of his love of folk music, thought little of court etiquette. He was popular and shared his love of nature with his children. Sissi became an enthusiastic horse-back rider and mountain-climber, she loved music and poetry, and soon began to write poems. The more unhappy she was that her mother, Duchess Ludovica, had very soon arranged a »good match« for her. The marriage to the Austrian Emperor Franz Joseph I, who was very preoccupied with his state affairs, was everything but harmonious. The understanding she lacked in her husband she found in her congenial Ludwig. Time and again they met, later also secretly on the Rose Island, to revel together, to communicate and to enjoy nature. Thus, a deep platonic relationship developed. They called each other »Eagle« and »Seagull« and left poems for each other in a desk-drawer in the castle on Rose Island. And so Sissi wrote following poem to Ludwig in 1885:

Thou Eagle, yonder on the mountains,
to you the gull of the sea sends
greatings from foaming waves
high up to the infinite snow.
Once we met each other
infinitely grey ages ago,
at the charming lake's mirror
at the time of blossoming roses.

When the Empress later heard of Ludwig's death in the year 1886, she is said to have called: »The King was no fool, just an eccentric living in a world of ideas. He should have been treated with more care!«

The rumored rescue of Sissi, who had wanted to help Ludwig escape after his imprisonment and take him out of the country with a waiting boat and coach, could never be proved.

During his visits in Possenhofen, which he often undertook with his royal privat steamboat »Tristan«, Ludwig also developed a friendly relationship to Sissi's younger sister Sophie. They shared the enthusiasm for Richard Wagner's music and wrote letters to each other as »Elsa« and »Heinrich«, after figures in Wagner's work »Lohengrin«. Sophie sang Wagner arias to him for hours and Ludwig's visits to Possenhofen in the year 1866 increased. The Duchess, Sophie's mother, sensed in her class-consciousness a new chance for one of her daughters and pressed Ludwig to undertake first steps. Otherwise his visits would be forbidden for reasons of etiquette. Pressed in this manner, the King finally gave in to propose on January 22, 1867, what was joyously greeted by the people. Memorial coins with the couple's portrait were minted, a precious wedding-coach built and chambers for the young bride furnished in the Residence. But Ludwig kept postponing the date for the marriage. When the unnerved bride's father gave him an ultimatum, he broke off the engagement in October. Relieved, he wrote in his diary on October 7, 1867: »Sophie written off. The dark image gone, thurst for freedom, for revival after tantalizing nightmare.«

The King, swarmed by women, also entrusted his diary with his »perversion«, as he called his homosexual inclinations. He felt »impure« and begged for salvation from this »sin«. Therefore it is quite doubtful if he ever really practised his homoerotic urge.

Linke Seite:
Die österreichische Kaiserin Elisabeth II., mit Kosenamen »Sissi« genannt, litt zeit ihres Lebens an der strengen Etikette bei Hof. Sie fand in Ludwig, ihrem Cousin und Jugendfreund, eine sensible Seele, der sie vertraute.

Left Side:
The Austrian Empress Elisabeth II, her nickname »Sissi«, suffered under the strict etiquette at court all her life. In Ludwig, her cousin and school friend, she found a sensitive soul she trusted in.

Die einzige Insel im Starnberger See erwarb König Maximilian II. 1850 für nur 3000 Gulden. Die »Roseninsel« war einer der Lieblingsplätze Ludwigs II. und ein Treffpunkt für ihn und seine Freundin Sissi.

The only island in Lake Starnberg was bought from King Maximilian II in 1850 for only 3000 guilders. The »Rose Island« was one of Ludwig's II favorite places and a rendezvous for him and his friend Sissi.

In das Schachenhaus, sein »stilles Gebirgshaus auf steiler Höh«, zog Ludwig II. sich gerne in den Tagen um seinen Geburtstag am 25. August zurück. Es wurde dann festlich geschmückt und der König mit einem grandiosen Feuerwerk geehrt.

In the Schachen House, his »quiet mountain house on steep height«, Ludwig II liked to retreat on the days around his birthday on August 25. It then was festively decorated, the King was honored with grand fireworks.

Orient in den Bergen

Das Königshaus auf dem Schachen

Schon als Kind von der Schönheit der Berge fasziniert, entwickelte sich Ludwig zu einem begeisterten Wanderer und bestieg bereits als Zwölfjähriger mit seiner Mutter Marie und seinem Bruder Otto den 2057 Meter hohen Säuling bei Schwangau, drei Jahre später sogar den 2713 Meter hohen Watzmann bei Berchtesgaden. Später genoss der König seine geliebte Bergwelt lieber mit Pferd, Ponywagen oder einem seiner Prunkschlitten – und das am liebsten nachts bei Mondschein. Auf diese Weise suchte er häufig seine zahlreichen Berghütten und Jagdunterkünfte auf, um dem verhassten Stadtleben zu entfliehen. Da er sowohl den Krieg als auch die Jagd verabscheute, benutzte er diese »heimlichen Residenzen« hauptsächlich als Refugien, ohne jedoch seine Pflichten als König zu vernachlässigen. Ob in der Vorderriß, am Walchensee, auf dem Herzogstand oder in der Hochkopfhütte, überall erledigte er per Kurierdienst seines Kabinettchefs Eisenhart die Staatsgeschäfte.

Hinter der schlichten Fassade des Schachenhauses erwartet den Besucher die orientalische Pracht des »Türkischen Saales«. Lichtspiele tauchen den Raum in die magische Atmosphäre der Märchen aus Tausendundeiner Nacht.

Im Wettersteingebirge befindet sich die wohl berühmteste Berghütte des exzentrischen Monarchen. Von Schloss Elmau oder Garmisch-Partenkirchen ist sie in einer etwa vierstündigen Bergwanderung zu erreichen.

Vor dem Massiv der Alpspitze, inmitten einer grandiosen Bergwelt, thront das in den Jahren 1869 und 1870 erbaute Schachenhaus. Es wirkt von außen eher wie eine imposante Berghütte im dekorativen »Schweizer Stil«. Im Erdgeschoss erwarten den Besucher zunächst schlicht ausgestattete Wohnräume. Begibt man sich jedoch über eine steile Wendeltreppe nach oben in den ersten Stock, entfaltet sich vor den Augen des Betrachters eine zauberhafte orientalische Märchenwelt.

Ein reich verzierter Springbrunnen ist umgeben von emailgeschmückten Vasen mit prächtigen Pfauenfedern und seidenbespannten Diwanen. Üppige Teppiche und farbig verglaste Fenster, die schillernde Lichtspiele hervorzaubern, runden das Bild eines osmanischen Palastes ab. Die Vorlage, die Ludwig II. dem Hofbauingenieur Josef Röhrer zum Bau des »Türkischen Saales« gab, war vermutlich das Bild eines Sultanspalastes. Obwohl er selbst nie in den Orient gereist ist, hat er sich von der in Mode gekommenen Orientbegeisterung seiner Zeit anstecken lassen. Seit seinem Besuch auf der Pariser Weltausstellung 1867 wuchs in ihm eine Faszination für orientalischen Prunk, was sich später auch im Kauf des Maurischen Kiosks und des Marokkanischen Hauses – ehemaliger Pavillons auf Weltausstellungen – für Schloss Linderhof zeigt.

Luise Kobell, die Gattin des königlichen Kabinettsekretärs Johann August von Eisenhart, berichtet in ihren Tagebuchaufzeichnungen von einem Nachmittag auf dem Schachenschloss: Demnach genoss Ludwig in türkischer Garderobe die orientalische Szenerie und ließ sich, ein Buch lesend, mit Pfauenfächern umwedeln, ». . . während der Tross seiner Dienerschaft als Muslims gekleidet auf Teppichen herumlagerte, Tabak rauchend und Mokka schlürfend, wie der königliche Herr befohlen hatte.«

Orient in the Mountains

The Royal Mansion on the Schachen

Already fascinated by the beauty of the mountains in childhood, Ludwig grew to be an enthusiastic hiker and, together with his mother Marie and his brother Otto, already climbed the 2057 meter high Säuling at Schwangau at the age of twelve, three years later even the 2713 meter high Watzmann near Berchtesgaden. Later the King enjoyed his beloved mountains on horse-back, by pony-carriage or in one of his stately sleighs – and that preferably at night in moon-light. In this way he often visited his numerous mountain cabins and hunting lodges, in order to escape from the detested life in town. As he hated hunting just as much as war, he used these »secret residences« mainly as refuges, however without neglecting his duties as a King. If in the Vorderriß, at the Walchen Lake, on the Herzogsstand or in the Hochkopf Cabin, everywhere he carried out state of affairs through the carrier of his First Cabinet Secretary Eisenhart.

Behind the plain facade of the Schachen House the visitor is recieved by the oriental splendor of the »Turkish Salon«. Light effects dip the room into a the magical fairy-tale atmosphere of a Thousand and one Nights.

Probably the most famous mountain cabin of the excentric monarch is in the Wetterstein Mountains. From Elmau Castle or Garmisch-Partenkirchen it can be reached on foot in about four hours.

In front of the Alpspitz Massif, in the center of magnificent mountains, the Schachen House thrones, built in the years 1869 and 1870. From outside it looks like an imposing mountain chalet in the decorative »Swiss style«. On the ground floor, the visitor is first recieved by plainly furnished rooms. But after climbing the steep spiral staircase to the first floor, an enchanting oriental fairy-tale world is enfolded before the visitor's eyes.

A richly ornamented fountain is surrounded by enamelled vases with magnificent peacock's plumes and silken divans. Voluptuous carpets and color-glas windows, that conjure scintillating magical lights when the sun shines in, complete the picture of an Ottoman palace. The model Ludwig II gave to the court construction engineer Josef Röhrer to build the »turkish salon« was possibly the picture of a sultan's palace in Constantinople. Although he never travelled to the Orient himself, he let himself be infected by the Orient fashion of his time. Since his visit to the World Exhibition in Paris 1867, a fascination for oriental splendor grew in him, showing later in his purchase of the Moorisch Kiosk and the Maroccan House – former pavilions of the World Exhibition – for Linderhof Castle.

Luise Kobell, the wife of Cabinet Secretary Johann August von Eisenhart, reported in her diary of an afternoon in the Schachen Palace: Accordingly, Ludwig was enjoying the oriental scenery in Turkish garments and peacock fans were being waved as he was reading a book, ». . . at the same time his train of servants lounged around on carpets dressed as muslims, smoking tobacco and sipping mocca, just as the royal master had ordered them to do.«

Vom Schachenhaus genoss Ludwig II. einen herrlichen Blick auf das Wettersteinmassiv mit der Alpspitze im Vordergrund. Besonders die dramatischen Wetterstimmungen in den Alpen beeindruckten den König sehr.

From the Schachen House Ludwig II enjoyed a magnificent view of the Wetterstein Massif with the Alpspitze in front. Especially the dramatic weather changes in the Alps impressed the King very much.

Schloss Linderhof, das Lieblingsschloss des Königs im Graswangtal, ist ein Rokokojuwel mit pompöser Inneneinrichtung. Das Südparterre prunkt mit großzügig angelegten Treppen und Balustraden, dessen Mitte das große Bassin mit dem Flora-Brunnen bildet.

Linderhof Palace, the King's favorite castle in the Graswang Valley, is a rococo jewel with pompous interior decoration. The southern ground floor is resplendent with liberally designed staircases and balustrades, the center of which is formed by the great bassin with the Flora fountain.

Die Königliche Villa im Graswangtal

Schloss Linderhof

Ludwig II., der sich anfangs eifrig den Regierungsgeschäften widmete, musste schon bald erkennen, dass sich politische Entscheidungen seinem Willen entzogen. Er war als König Opfer einer Zeit, in der das Volk nach Souveränität drängte und die Macht beim Kabinett lag. So wurde er ungewollt während seiner Regierungszeit in zwei Kriege hineingezogen, obwohl er den Krieg und das Töten verabscheute.

Menschliche Enttäuschungen, der verlorene Krieg gegen Preußen 1866 und das weitere Schwinden seiner Macht nach der Reichsgründung von 1871 hinterließen bei dem sensiblen Monarchen eine tiefe Verbitterung. Die Eingliederung Bayerns in einen deutschen Nationalstaat unter preußischer Führung traf bei Ludwig auf heftige Abneigung, da sie das Ende der jahrhundertealten bayerischen Selbstständigkeit bedeutete. Nach zähen Verhandlungen in Versailles mit Preußens Ministerpräsident Bismarck fand sich Ludwig auf Drängen vieler bayerischer Politiker schließlich doch bereit, durch den so genannten »Kaiserbrief« den preußischen König Wilhelm um die Übernahme der Kaiserwürde zu bitten; im Gegenzug wurde Bayern eine Reihe von Sonderrechten eingeräumt. Der Proklamation Wilhelms zum deutschen Kaiser im Spiegelsaal von Versailles blieb der König aber fern. Er verstand sich als bloße Repräsentationsfigur und zog sich gedemütigt aus der Öffentlichkeit zurück.

So begann er, mit dem Bau seiner Schlösser nach einem – zumindest symbolischen – Ausdruck des absoluten Königtums zu suchen und stürzte sich mit leidenschaftlicher Hingabe in die Rolle des Bauherrn. Er beschäftigte sich mit dem Studium historischer Werke und Stilrichtungen vergangener Epochen, was dem »Historismus« seiner Zeit entsprach. Dabei interessierte ihn vor allem die Epoche des französischen Absolutismus.

Nach dem Vorbild der französischen Könige des 17. und 18. Jahrhunderts entwickelte Ludwig das Konzept eines zweiten Versailles. Das mit dem Codewort »Meicost Ettal« – der verschlüsselte Wahlspruch Ludwigs XIV., »L'état c'est moi« – bezeichnete Projekt sollte zunächst im Graswangtal bei Oberammergau entstehen.

Dort besaß Ludwigs Vater ein Jagdhaus, den »Linderhof«. Der Familienname der ehemaligen Besitzer geht angeblich auf die uralte Linde zurück, die noch heute im Schlosspark zu sehen ist. Da sich das Areal für ein Projekt dieser Größe schließlich als zu eng erwies, verwirklichte Ludwig II. diese Idee erst später auf der Insel Herrenchiemsee, wo sich ihm dafür wesentlich bessere Bedingungen boten. Im Graswangtal ließ er zunächst das alte Jagdhaus umgestalten und an anderer Stelle errichten, um von dort aus sein Bauprojekt besser beobachten zu können. Er beauftragte damit bereits 1870 seinen Architekten Georg Dollmann, der ihm nach mehreren Änderungen schließlich den Entwurf einer »Königlichen Villa« im Rokokostil vorlegen konnte. Angeregt durch das Lustschloss »Petit Trianon« im Schlosspark von Versailles, entstand ein zweigeschossiger Prunkbau mit einer üppig dekorierten Außenfassade. An der prachtvollen Innengestaltung mit der überreichen Einrichtung im Rokokostil und Neubarock wirkten auch der Theaterdirektor Franz von Seitz und der Bühnenbildner Christian Jank mit. Mobiliar, Wanddekorationen und Figuren zeichnen sich durch reichhaltige Verzierungen aus – Gold, Marmor, Samt und Seide sind vorherrschend. Wand- und Deckengemälde sowie Figuren und Embleme beinhalten sowohl Themen aus der Mythologie als auch so genannte »Schäferszenen« nach französischem Vorbild.

Eingebettet ist das Prachtschlösschen in eine über fünfzig Hektar große Gartenanlage, für die der Hofgartendirektor Carl von Effner später von Ludwig II. geadelt wurde. Effner gelang es, den streng symmetrisch angelegten Schlosspark mit kunstvollen Brunnen, Pavillons, Statuen und Blumenbeeten völlig harmonisch in die Berglandschaft einzufügen.

In der behaglichen Atmosphäre von Schloss Linderhof hielt sich Ludwig am meisten auf. Hier flanierte er durch den wundervollen Park, genoss die Theaterszenerie der Venusgrotte und des Maurischen Kiosks und träumte beim stilvollen Abendessen von der Anwesenheit französischer Adelsgäste aus der Barockzeit.

The Royal Villa in the Graswang Valley

Linderhof Castle

Ludwig II, who had eagerly set upon his governmental tasks in the beginning, soon had to realize that political decisions were withdrawn from his will. As King, he was victim of his times, when the people strove to sovereignty and power was in the hands of the Cabinet. Thus he was drawn into two wars against his will during his reign, even though he abhorred war and killing. Personal disappointments, the lost war against Prussia in 1866 and the constant diminution of his power after the German Reich was founded in 1871, left the sensitive monarch in deep bitterness. Bavaria being part of a German National State under Prussian rule struck Ludwig with strong contempt, because it meant the end of the century-old Bavarian independence. After tough negotiations in Versailles with Prussia's Prime Minister Bismarck, Ludwig finally gave in to the pressure of many Bavarian politicians and asked the Prussian King Wilhelm in the so called »Imperial Letter« to take on the imperial status; in exchange, Bavaria was granted various extra rights. Wilhelm's proclamation as emperor in the Hall of Mirrors in Versailles was avoided by the King. He realised that he was only a figurehead and felt so humiliated, that he withdrew from the public.

Thus he began to search for an – at least symbolic – expression of absolute monarchy by creating castles and plunged into the role of an architect. He occupied himself with the study of historical works and styles of past periods, which complied with the »historism« of his time. He was especially interested in the period of French absolutism.

Following the example of the French kings in the seventeenth and eighteenth centuries, Ludwig developed the concept of a second Versailles. The project marked with the code »Meicost Ettal« – the ciphered motto of Ludwig's XIV »L'état c'est moi« – first was to be built in the Graswang Valley near Oberammergau.

There Ludwigs father owned a hunting lodge, the »Linderhof«. The surname's origin of its former owners was said to reach back to the age-old lime tree which can still be seen today in the palace gardens. As the grounds proved to be too narrow for a project of this dimension, Ludwig II realised this idea later on the Herrenchiemsee Island, which offered much better conditions. In the Graswang Valley he first had the old hunting lodge redesigned and rebuilt on a different spot, in order to have a better view of his construction site. He already appointed the architect Georg Dollmann with this in 1870, who could finally, after many corrections, show him a plan for a rococo »Royal Villa«.

Stimulated by the pleasure seat »Petit Trianon« in the palace gardens of Versailles, a two-story stately building with an ornate facade arose. The theater director Franz von Seitz and the stage designer Christian Jank contributed to the luxurious interior decoration with extremely rich furnishings in rococo and neobaroque style. Furniture, wall decorations and figures are distinguished by rich ornaments – gold, marble, velvet and silk dominate. Wall and ceiling paintings as well as figures and emblems show themes from mythology as well as so-called »shepherd scenes« following French example.

The stately palace is embedded in fifty hectare large gardens, for which the royal garden director Carl von Effner later was knighted for by Ludwig II. Effner succeeded to integrate the strictly geometrical garden architecture with intricate fountains, pavilions, statues and flowerbeds into the mountain landscape. In the comfortable atmosphere of Linderhof castle, Ludwig stayed most of the time. Here he strolled through the wonderful park, enjoyed the theatrical scenery of the Venus Grotto and the Moorish Kiosk and dreamed of the presence of French aristocratic guests from the baroque period at the stylistic dinner.

Die vorherrschenden Farben Weiß und Gold geben Linderhof eine heitere Atmosphäre.

The dominant colors white and gold give Linderhof a gay atmosphere.

Der Theatermaler Christian Jank entwarf das »Audienzzimmer« mit dem prachtvollen Schreibtisch unter einem grünen Samtbaldachin, auf dem das bayerische Königswappen prangt.

The theater painter Christian Jank designed the »Audience Chamber« with the stately desk under a green velvet canopy, on which the royal crest is displayed.

Das eindrucksvolle Schlafzimmer: Hinter einer vergoldeten Balustrade befindet sich das Prunkbett. Auf der Rückwand leuchtet das bayerische Königswappen auf blauem Samt.

The imposing bedroom: behind a golden balustrade stands the state bed. On the back the Bavarian royal crest shins on blue velvet.

Spiegelzimmer von Schloss Linderhof. Dieser üppig ausgestattete Saal des Architekten Georg Dollmann täuscht durch die Anordnung der Spiegel eine unendliche Flucht von Gemächern vor.

Chamber of Mirrors in Linderhof Palace. This voluptously decorated chamber by the architect Georg Dollmann simulates an infinite flight of rooms by the setting of the mirrors.

Unzählige Spiegel und Kerzen in schimmernden Leuchtern verwandelten zu Ludwigs Zeiten Schloss Linderhof in eine märchenhafte Glitzerwelt. Ludwig II. liebte diese Illusion, die später in der Spiegelgalerie von Schloss Herrenchiemsee noch imposantere Ausmaße annahm.

In Ludwig's times, countless mirrors and candles in shining chandeliers turned Linderhof Castle into a glittering fairy-tale world. Ludwig II loved this illusion, later on growing to an even greater extent in the Gallery of Mirrors in Herrenchiemsee Palace.

Überreiche Verzierungen und kostbare Stoffe geben den Innenräumen von Schloss Linderhof ihr prunkvolles Aussehen.

Abundant decorations and precious materials give the chambers of Linderhof Palace their magnificent appearance.

Die »Venusgrotte«, eine monumentale, künstlich angelegte Tropfsteinhöhle, soll das Innere des Hörselberges aus der Tannhäuser-Sage darstellen und wirkt wie eine Bühne. Vor dem Bühnenbild ließ sich der König auf einem bewegten unterirdischen See mit Wasserfall in einem vergoldeten Muschelkahn umherrudern, während sich magische blaue und rote Beleuchtung abwechselten.

The »Venus Grotto«, a monumental, artificially constructed stalactite cavern is supposed to represent the inside of the Hörsel Mountain from the Tannhäuser Saga and works like a stage. In front of the settings the King would be rowed around in a gilt mussel boat on a moving underground lake with waterfalls and changing blue and red magical lighting.

Hofgartendirektor Carl von Effner gelang es ausgezeichnet, die Rokokopracht von Schloss Linderhof und seiner Gartenanlagen harmonisch in die Berglandschaft einzufügen. Er wurde vom König später dafür geadelt.

Royal garden director Carl von Effner excellently succeeded in setting the rococo splendor of Linderhof Palace and its garden architecture into the mountain scenery. Later he was knighted by the King for this.

Seine Vorliebe für alles Orientalische spiegelt sich auch im »Marokkanischen Haus« wider, das der König 1875 auf der Pariser Weltausstellung erwarb.

His preference for everything oriental shows in the »Maroccan House« bought by the King in 1875 at the World Exhibition in Paris.

Der »Maurische Kiosk« wurde von dem Berliner Architekten Karl von Diebisch für die Pariser Weltausstellung 1867 gebaut. Später wurde er von Ludwig für Linderhof gekauft und neu eingerichtet.

The »Moorish Kiosk« was built by the Berlin architect Karl von Diebisch for the World Exhibition in Paris 1867. Later it was bought by Ludwig for Linderhof and newly furnished.

Der prachtvolle Pfauenthron im »Maurischen Kiosk«; die schimmernden Pfauenfedern sind mit bunten Glassteinen dekoriert.

The magnificent Peacock Throne in the »Moorish Kiosk«; the shimmering peacock's feathers are decorated with colored glass stones.

Blick auf den Venustempel, der das südliche Parterre am »Linderbichl« abschließt

View onto the Venus Temple completing the southern ground floor at »Linderbichl«

Vom Latona-Brunnen, der nach der Marmorstatue der Latona am Gipfel des Brunnens benannt ist, führt eine breite Mitteltreppe zum Hauptparterre von Schloss Herrenchiemsee.

From the Latona-Fountain, named after the marble statue of Latona on the top of the fountain, broad center stairs lead up to the main ground floor of Herrenchiemsee Palace.

König Ludwigs bayerisches Versailles

Schloss Herrenchiemsee

»Es soll gewissermaßen ein Tempel des Ruhmes werden, worin ich das Andenken an König Ludwig XIV. feiern will«, schrieb Ludwig schon im Jahre 1868 an Baronin von Leonrod zu seinen Plänen für ein zweites Versailles. Um dieses Denkmal für seinen berühmten französischen Namensvetter auch originalgetreu entstehen zu lassen, reiste er 1874 nach Paris, um Schloss Versailles und seine Wasserspiele zu begutachten. Ein Jahr zuvor hatte er die Herreninsel im Chiemsee erworben und damit vor der Abholzung durch eine schwäbische Holzhändlerfirma gerettet. Inmitten eines jahrhundertealten Waldes begannen dann 1878 die Bauarbeiten, die Ludwig später einmal jährlich während eines einwöchigen Aufenthaltes beobachtete. Wie bei seinen anderen Schlossprojekten hatte er sich genaueste Kenntnisse angeeignet, und die von ihm ungeduldig angetriebenen Baumeister und Handwerker mussten perfekte Arbeit leisten. Er kümmerte sich selbst um kleinste Details und machte die Künstler und Kunsthandwerker seiner Schlösser zu Spezialisten für die jeweils darzustellende Epoche. Darüber hinaus verwendete er die neueste Technik, um die gewünschten theatralischen Effekte zu erzeugen. Waren in der Venusgrotte von Schloss Linderhof bereits Wellen- und Regenbogenmaschinen und fortschrittlichste Beleuchtungstechnik im Einsatz, so fanden auch in Herrenchiemsee neueste technische Errungenschaften ihre Anwendung. Die Wasserspiele im weitläufig angelegten Schlosspark, die allerdings erst sehr viel später vollendet und in Betrieb genommen wurden, sowie das versenkbare »Tischlein-deck-dich« im Speisezimmer sind Beispiele dafür.

Wieder war es Georg Dollmann, der als verantwortlicher Architekt die Entwürfe gestaltete und die Bauarbeiten vorantrieb. Er veranschlagte dafür eine Dauer von sechzehn Jahren und eine Bausumme von fast zwölf Millionen Mark. Bereits drei Jahre vor Baubeginn wurden die Aufträge zur Einrichtung des Paradeschlafzimmers vergeben. Die Planung gemäß dem Versailler Vorbild sah eine fünfflügelige Schlossanlage vor, von der jedoch nur drei Flügel fertig gestellt wurden. Kurz vor dem Tod Ludwigs mussten die Bauarbeiten aufgrund akuten Geldmangels abgebrochen werden.

Sind die Gartenanlagen nahezu identisch mit dem Schlosspark von Versailles, so übertrifft die Innenausstattung das Pariser Vorbild bei weitem, was sich am Beispiel der »Großen Spiegelgalerie« und des »Paradeschlafzimmers« deutlich zeigt. Ludwig wollte mit seinem Inselschloss keine bloße Kopie von Versailles schaffen, sondern ein Idealschloss bauen, das die Idee des absoluten Königtums widerspiegelt. Es sollte allein dem verehrten Sonnenkönig gewidmet sein, dessen Geist die Innenräume von Herrenchiemsee erfüllt. Ludwig selbst hielt sich im Hintergrund und ließ für sich im Nordflügel eine »Königswohnung« errichten, die er jedoch nur einmal für zehn Tage bewohnte.

Erhielt Ludwig 1873 noch finanzielle Zuwendungen von Bismarck, um das wachsende Loch in der Finanzkasse zu stopfen, musste er aufgrund der kostspieligen Schlossprojekte bereits 1884 ein Darlehen von 7.500.000 Mark aufnehmen. Aus der Kabinettskasse standen ihm jährlich rund 1,5 Millionen Mark zur Verfügung, den Rest finanzierte er aus seinem Privatvermögen. Somit ist die oft geäußerte Behauptung, der König hätte die bayerischen Staatsfinanzen ruiniert, nicht haltbar, zumal die Monarchen seit der bayerischen Verfassung von 1818 keinen Zugriff mehr auf Steuergelder hatten. Um die Schlossbauten weiterzuführen, wäre eine Summe von zwanzig Millionen Mark nötig gewesen, weitere Kredite wurden dem König jedoch verweigert.

So entstand, anstelle eines fertig ausgebauten Prachtschlosses, eher das Skelett eines Schlosses, das trotz allem auf unzählige Besucher eine ungeheuere Faszination ausübt. Genau dies wollte der König allerdings vermeiden, als er einst den Wunsch äußerte, seine Schlösser nach seinem Tode zu sprengen, anstatt sie durch Menschenmassen zu »entweihen«.

King Ludwig's Bavarian Versailles

Herrenchiemsee Castle

It is to become a kind of temple of fame where I want to celebrate the memory of King Louis XIV«, Ludwig already wrote in the year 1868 to Baroness von Leonrod about his plans for a second Versailles. In order to design this monument for his French namesake just as the original, he travelled to Paris in 1874 to investigate Versailles and its fountains. The year before, he had purchased the Herreninsel in the Chiemsee, rescuing the trees from being felled by a Swabian lumber company. In the middle of a century-old forest, the construction begann in1878, which Ludwig later visited once a year for one week. As with all the other castle projects, he had acquired exact knowledge and the construction directors and artisans, driven impatiently by him, had to work perfectly. He controlled even the smallest details and made the artists and artisans of his castles to specialists of the period just being represented. Moreover, he used the latest technical achievements to produce the desired theatrical effects. Just as in the Venus Grotto of Linderhof Castle wave- and rainbow-making machines and the latest lighting technique had been used, the newest technical developments were installed in Herrenchiemsee. Examples are the fountains in the extensive palace gardens, completed and put to work very much later and the »magic dining table« which sinks through the floor.

Again Georg Dollmann was architect in charge, wo developed the plans and supervised the construction. He estimated a time of sixteen years and a construction sum of almost twelve million Marks. Even three years before construction began, the comissions for the state bedroom were settled. The plans according to the Versailles original included a five-wing palace of which only three wings were completed. Shortly before Ludwig's death the construction had to broken off because of acute money shortage.

Whereas the gardens are mainly identical to the parks of Versailles, the interior decoration exceeds the original in Paris by far, which shows in the »Great Gallery of Mirrors« and the »State Bedroom«. Ludwig had not just wanted to create a copy of Versailles but an ideal castle, representing the idea of absolute monarchy. It was dedicated to the adored Sun King alone, whose spirit fills the chambers of Herrenchiemsee. Ludwig himself stayed in the background and had a »King's Appartement« arranged in the northern wing, where he only lived once for ten days.

In 1873 Ludwig first got financial aid by Bismarck to fill the growing gap in the budget, but 1884 he already had to take up a loan of 7,500,000 Marks because of his costly castle projects. From the Cabinet he was granted 1,5 million Marks per year, the rest he financed with his privat fortune. Thus, the often made statement that the King had ruined the Bavarian national finances is not true, especially since the Bavarian constitution of 1818 the monarchs had no access to the taxes. To continue building the castles, a sum of twenty million Marks would have been neccessary, but the King was refused further credits.

Thus, instead of a completed stately palace, more of a palace's skeleton developed, which nonetheless fascinates unnumerous visitors. However, this was exactly what the King had wanted to avoid, as he once expressed the wish to have his castles blasted after his death so as not to be »desecrated« by the public.

Zur Ostseite des Schlosses führt jeweils auf beiden Seiten eine Lindenallee.

The east side of the palace can be reached on both sides through a limetree alley.

Folgende Doppelseite: Die westliche Hauptfassade. Wie schon in Schloss Linderhof, wurde Hofgartendirektor Carl von Effner mit der Aufgabe betraut, ein einheitliches Bild von Schlossanlage und Natur zu schaffen.

Following double page: The main west facade. As before in Linderhof Palace the royal garden director Carl von Effner was given the task to create a unified picture of palace gardens and nature.

In den Wandgemälden des »Beratungssaales« werden die diplomatischen Erfolge des Sonnenkönigs gerühmt.

Vorhergehende Doppelseite: Das Prunktreppenhaus am Ende des Südflügels ist eine Nachbildung der berühmten Botschaftertreppe »Escalier des Ambassadeurs«, die heute allerdings in Versailles nicht mehr existiert.

In the wall paintings of the »Conference Hall« the diplomatic successes of the Sun King are famed.

Preceding double page: The state staircase at the end of the south wing is a copy of the famous embassador's staircase »Escalier des Ambassadeurs«, which does not exist anymore in Versailles.

Das »Paradeschlafzammer« ist das prunkvollste Gemach des Schlosses und übertrifft das Versailler Vorbild an Größe und Ausstattung. Die vorherrschende Farbe Rot und das häufig wiederkehrende Symbol der Sonne bezieht sich auf das Königtum. Das üppig verzierte Prunkbett hat Ludwig nie benutzt. Es sollte lediglich als Objekt der Anschauung dienen und ein Sinnbild für königliche Macht darstellen.

The »State Bedroom« is the most magnificent chamber in the palace and exceeds the Versailles original in size and decoration. The dominant color red and the frequently recurring symbol of the sun refers to the monarchy.
The lavishly decorated state bed was never used by Ludwig. It was only to act as illustrative object and as symbol for royal power.

Prunkvolle Details, wohin man blickt: Selbst wer das Paradeschlafzimmer schon zu kennen meint, kann immer wieder Neues entdecken.

Luxurious details wherever one looks: even those who think they know the state bedroom can always discover something new.

Folgende Doppelseite: Die 90 Meter lange »Große Spiegelgalerie« übertrifft das Original in Versailles bei weitem. 44 Standleuchter und 33 Deckenlüster fassen zusammen 1800 Kerzen, die den Saal in ein glitzerndes Zauberreich verwandelten.

Following double page: The 90 meter long »Gallery of Mirrors« exceeds the original in Versailles by far. 44 floor chandeliers and 33 cieling chandeliers hold 1800 candles, that turn the hall into a glittering magic world.

Vorbild für König Ludwigs »Gralsburg« Neuschwanstein war die Wartburg bei Eisenach, der historische Schauplatz des Sängerwettstreits aus dem »Tannhäuser« von Richard Wagner.

The model for King Ludwig's »grail castle« was the Wartburg near Eisenach, the historical setting for the singer's contest in the »Tannhäuser« by Richard Wagner.

Die Gralsburg im Königswinkel

Schloss Neuschwanstein

Bereits drei Jahre nach seiner Thronbesteigung im Jahr 1864 besuchte Ludwig II. mit seinem Bruder Otto die Wartburg bei Eisenach. Inspiriert von Wolfram von Eschenbachs »Sängerkrieg auf der Wartburg« und Richard Wagners »Tannhäuser«, beschloss er bereits 1868, eine eigene mittelalterliche Burg zu bauen. Da er von Schloss Hohenschwangau und seiner Mutter Abstand suchte, wollte er eine neue Burg für die Sagengestalt des »Schwanenritters Lohengrin« errichten, der ihm von den Gemälden im Familienschloss so vertraut war. Eine »Gralsburg« sollte entstehen, hoch oben über der nahen Pöllatschlucht, wo damals noch die Burgruinen Vorder- und Hinterhohenschwangau standen. Er schrieb am 13. Mai 1868 an Wagner: »Ich habe die Absicht, die alte Burgruine Hohenschwangau bei der Pöllatschlucht neu aufbauen zu lassen im echten Styl der alten deutschen Ritterburgen. Der Punkt ist einer der schönsten, die zu finden sind, heilig und unnahbar, ein würdiger Tempel für den göttlichen Freund.« Er hoffte, den Komponisten schon drei Jahre später als Gast dort empfangen zu können, was sich allerdings niemals erfüllen sollte.

Zunächst wurden Hofbaudirektor Eduard Riedel und Theatermaler Christian Jank zum Studium der Wartburg nach Eisenach geschickt. Gemäß dem mittelalterlichen Baustil der Staufer wünschte sich Ludwig eine Burg im romanischen Stil mit Torbau, Kemenate, Ritterhaus, Palas und Bergfried.

Nach umfangreichen Sprengarbeiten 1868 wurde das Terrain vergrößert und eingeebnet, im darauf folgenden Jahr erfolgte die Grundsteinlegung für Schloss »Vorderhohenschwangau«, das erst nach Ludwigs Tod in »Neuschwanstein« umbenannt wurde. Vier Jahre nach der Fertigstellung des Rohbaues konnte der König in seine Wohnung im dritten Stockwerk des Hauptbaues einziehen. Georg Dollmann, der für den König auch in Schloss Linderhof und Herrenchiemsee tätig war, übernahm 1875 das königliche Bauwesen. Nachdem er beim König in Ungnade gefallen war, wurde er von Julius Hofmann abgelöst, der bereits an der Planung von Schloss Neuschwanstein mitgewirkt hatte. Ihm wurde schließlich die Aufgabe zuteil, nach dem plötzlichen Tod des Königs im Jahr 1886, die Bauarbeiten zu einem einigermaßen befriedigenden Abschluss zu bringen.

Nur sechs Wochen nach Ludwigs Tod wurde das Schloss für Besucher geöffnet. Man wollte demonstrieren, in welchem Grad der Monarch geistig umnachtet gewesen sei, um damit seine Entmündigung zu rechtfertigen. So stellte man den dritten und vierten Stock weitgehend fertig, im ersten Obergeschoss entstanden einige Dienerschaftszimmer und im Erdgeschoss eine große Küche mit damals neuester Technik. Der zweite Stock, der Gästezimmer, ein Bad und einen Maurischen Saal beherbergen sollte und im Rohbau verblieb, dient seit dem Sommer 2000 als Museumscafé und -laden.

In seiner Gralsburg Neuschwanstein verbrachte Ludwig II. die letzten Jahre mit der einsamen Lektüre seiner Bücher und machte die Nacht zum Tag, da ihn der »Sonne sengender Schein« unsagbar quälte. Hier brach er zu nächtlichen Schlitten- und Kutschfahrten ins Graswangtal auf und betrachtete am liebsten von der Marienbrücke aus sein von innen erleuchtetes Schloss. Er lebte in völliger Abgeschiedenheit von der Welt, umgeben von einer Handvoll Lakaien. Hier war es auch, wo er seine letzten Tage mit düsteren Gedanken verbrachte, wie aus seinem Tagebuch eindrucksvoll zu entnehmen ist, bevor ihn am 11. Juni 1886 die elfköpfige Kommission um den Irrenarzt Professor Gudden ergriff und verhaftete. In der Nacht zuvor hatten sich die Herren, darunter Hofbeamte, Minister, Irrenärzte und Krankenpfleger, in Schloss Hohenschwangau ein siebengängiges Menü servieren lassen. Dazu tranken sie angeblich vierzig Maß Bier und zehn Flaschen Champagner, bevor sie sich nach Neuschwanstein aufmachten. Ein ärztliches Gutachten von Professor Bernhard von Gudden, der den König niemals persönlich untersucht hatte, sondern sich auf Zeugenaussagen berief, hatte den König für geisteskrank erklärt. Die seit zehn Jahren ausgebrochene Geisteskrankheit seines Bruders Otto wurde als zusätzlicher Beleg für eine erblich bedingte geistige Verwirrtheit angeführt. Nach heutigen Erkenntnissen darf dieses Urteil erheblich angezweifelt werden.

Ludwigs Onkel, Prinzregent Luitpold, hatte aufgrund dieser Entmündigung bereits einen Tag zuvor die Regierungsgeschäfte übernommen, was ihm später den Ruf eines »Königsmörders« einbrachte.

Schon in den Morgenstunden des 10. Juni waren die Mitglieder der Kommission um Dr. Gudden zunächst auf die Wachmannschaft des Königs getroffen, die von der Füssener Gendarmerie und den Feuerwehren der angrenzenden Dörfer verstärkt wurde. Zurückgewiesen durch die Worte des Gendarmen, »Der König hat uns befohlen, niemanden ins Schloss zu lassen, und wir gehorchen ohne Rücksicht auf die Folgen«, mussten die Herren zunächst unverrichteter Dinge nach Hohenschwangau zurückkehren. Dort wurden sie kurz darauf auf Befehl des Königs verhaftet. Man führte sie durch ein Spalier aufgebrachter Bauern und Holzknechte nach Neuschwanstein zurück und sperrte sie im Torbau des Schlosses ein. Aufgrund einer telegrafischen Anweisung der Regierung bald wieder freigelassen, fuhr die Kommission noch am Abend nach München zurück. Pläne der königstreuen Bevölkerung, Ludwig in letzter Minute zur Flucht nach Tirol zu verhelfen, wehrte dieser entkräftet und niedergeschlagen ab. Am nächsten Tag traf Dr. Gudden mit einer zweiten Kommission in Schloss Neuschwanstein ein, wo es schließlich gelang, den König gefangen zu nehmen. Am nächsten Morgen brachte man ihn in einer verschlossenen Kutsche nach Schloss Berg am Starnberger See. Zu seinem treuen Diener Stich soll Ludwig kurz davor noch gesagt haben: »Sticherl, bewahren Sie die Räume wie ein Heiligtum. Lassen Sie sie nicht profanieren von den Neugierigen, denn ich habe hier die bittersten Stunden meines Lebens ertragen müssen.«

The Grail Castle in the Königswinkel

Neuschwanstein Castle

Already three years after his ascension in the year 1864 Ludwig II visited the Wartburg near Eisenach with his brother Otto. Inspired by Wolfram von Eschenbach's »Singer's Contest on the Wartburg« and Richard Wagner's »Tannhäuser«, he already decided in 1868 to build his own medieval castle. As he wanted enough distance from Hohenschwangau and his mother, he wanted to build a new castle for the legendary figure of the »Swan Knight Lohengrin«, so familiar to him through the paintings in the family palace. A »Grail Castle« should arrise, high above the near Pöllat Canyon, where at that time the ruins of Front and Back Hohenschwangau still stood. On May 13, 1868 he wrote to Wagner: »I have in mind to rebuild the old castle ruins Hohenschwangau at the Pöllat Canyon in the true style of the old German knights' castles. The spot is one of the most beautiful to be found, holy and aloof, a worthy temple for a divine friend.« He hoped to recieve the composer there three years later, which however never fulfilled itself.

First royal building director Eduard Riedel and theater painter Christian Jank were sent to Eisenach to study the Wartburg. According to the medieval style of the Staufers, Ludwig desired a castle in romanesque style with a gateway, lady's bower, knight's house, hall and keep. After extensive blasting in 1868 the area was enlarged and planed, in the following year the foundation stone for »Front Hohenschwangau« was laid, the name being changed into »Neuschwanstein« after Ludwig's death. Four years after the raw structure was finished, the King could move into his appartment on the third floor of the main building. Georg Dollmann, wo had worked for the King in Linderhof and Herrenchiemsee, took over the direction of the royal construction. After falling from grace he was followed by Julius Hofmann, who had already been involved in the design of Neuschwanstein. After the King's sudden death in 1886, it was his assignment to bring the construction to a halfway satisfactory end.

Only six weeks after Ludwig's death the castle was opened to visitors. This was to demonstrate how far the monarch had been mentally deranged, justifying his incapacitation. Thus, the third and fourth floors were largely finished, some servants rooms on the first floor and a large kitchen with the latest technical standard were installed. The second floor, planned to lodge a guestroom, a bathroom and a moorisch hall, stayed in raw structure and is used since summer 2000 as a museum café and shop.

In his grail castle Neuschwanstein Ludwig II spent the last years in solitude reading his books and turning night into day, because the »scorching sunrays« tortured him unspeakably. Here he set off in his sleigh and carriage rides in the night, preferably watching his lit-up castle from the Marien Bridge. He lived in complete seclusion from the world, surrounded by a handfull of servants. It was also here where he spent his last days in dark thought, which can be seen in his diary, before he was seized and detained by the commission of eleven men joining the psychiatrist Professor Gudden on June 11, 1886. The night before, the gentlemen, including court officials, ministers, psychiatrists and attendants had been served a seven course menu in Hohenschwangau Castle. It is said, that they drank forty liters of beer and ten bottles of champagne before they departed for Neuschwanstein. A medical certificate by Professor Bernhard von Gudden, who had never examined the King in person, but refered to testimonials, had declared the King to be insane. His brother Otto's mental illness, broken out ten years before, was taken as proof for a hereditary derangement.

According to modern insights this must be highly doubted.

Ludwig's uncle, Prince Regent Luitpold had already taken up the government duties because of the incapacitation, which later gave him the name »King's Murderer«.

In the morning hours of June 10, the members of the commission first came across the King's guards which were reinforced by the Füssen gendarmery and firemen from the neighboring villages. Turned back by the words of the gendarm »the King has ordered us to let nobody into the castle and we will obey no matter what happens«, the gentlemen had to return to Hohenschwangau empty handed. There they were arrested by order of the King. They were lead through a passage of agitated farmers and woodcutters back to Neuschwanstein and shut into the gateway hall. Set free by a telegraphic note by the government, the commission returned to Munich on the same evening. Weak and depressed, Ludwig rejected the plans of some royalists to help him escape to Tyrol in the last minute. On the next day, Dr. Gudden arrived with a second commission in Neuschwanstein Castle and could finally arrest the King. The next morning he was brought to Berg Castle at Lake Starnberg in a closed carriage. To his devoted servant Stich Ludwig is to have said shortly before: »Sticherl, keep the chambers like a sanctuary. Don't let them be profaned by the curious, for I have had to spend the most bitter years of my life here.«

Am Ende der Wendeltreppe zum vierten Obergeschoss thront ein steinerner Drache als Wächter des Turms.

At the end of the spiral staircase to the fourth floor a stone dragon thrones as guard of the tower.

Durch den Thronsaal betritt man den Söller und erhält einen herrlichen Blick auf die Gebirgslandschaft.

Through the throne hall one steps into the Söller and gets a wonderful view of the mountains.

In seiner Schlossburg Neuschwanstein verbrachte Ludwig II. die letzte Zeit seines Lebens.

In his Castle Neuschwanstein Ludwig II spent the last time of his life.

Der Thronsaal von Schloss Neuschwanstein, in dem die Vorstellung Ludwigs von einem Königtum von Gottes Gnaden ihren symbolischen Ausdruck findet. Der Thron, der aus Geldmangel bis zum Tod des Königs nicht mehr fertig gestellt wurde, sollte aus Gold und Elfenbein sein und »den Ausgang autoritativer Gesetzgebung« versinnbildlichen.

The Throne Hall of Neuschwanstein Castle, in which Ludwig's conception of a god-given monarchy found its symbolic expression. The throne, that could not be completed for lack of money before the King's death, was to be made of gold and ivory, symbolizing »the origin of authoritive legislation«.

Die Gold- und Mamorpracht dieses Tempels im byzantinischen Stil mit einem riesigen, doppelten Kronleuchter aus vergoldetem Messing und Elfenbein und porphyr- und lapislazulifarbenen Säulen zeigt die Sehnsucht Ludwigs nach Königswürde in einer Zeit, als die Monarchie ihre Bedeutung bereits verloren hatte.

The gold and marble magnificence of this temple in byzantine style with a huge double chandalier made of gilt copper and ivory and porphyr and lapislazuli colored columns show Ludwig's yearning for royal power in a time the monarchy had already lost its importance.

Die Ausstattung im romanischen und spätgotischen Stil verleiht den Innenräumen von Schloss Neuschwanstein eine mittelalterlich-mystische Atmosphäre.

The interieur decoration in roman and late gothic style give the chambers of Neuschwanstein Castle a mystic medieval atmosphere.

Oben: *Der »historische Raum« auf der Wartburg stand Pate bei der Gestaltung des Sängersaals, der die Tannhäuser-Sage mit der Parzivaldichtung vereint. Gemälde von August Spieß, die die Geschichte des Gralsritters Parzival erzählen, schmücken die Wände des Tribünengangs.*

Unten: *Ein großes Rundbogenportal führt zum oberen Vorplatz des Sängersaals.*

Top: *The »Historic Chamber« in the Wartburg was the model for the creation of the Minstrel's Hall, which units the Tannhäuser Saga with the Parsival story. Paintings by August Spieß, depicting the story of the grail knight Parsival, decorate the walls of the balustrade corridor.*

Bottom: *A large round arch portal leads to the upper landing of the Minstrel's Hall.*

Das von Christian Jank gemalte Bühnenbild des »Zauberwalds von Klingsor« aus der Parzival-Sage ziert die Nordseite des Sängersaals.

The stage-setting, painted by Christian Jank, of »Klingshor's Magical Forest« from the Parsival Saga ornates the north side of the Minstrel's Hall.

Ausdrucksstarke Steinfigur des prächtigen Neptunbrunnens im Schlosspark von Linderhof.

Expressive stone figure of the magnificent Neptune Fountain in the palace gardens of Linderhof.

Das Ende im Starnberger See

Kreuz und Votivkapelle in Berg

Wie können Sie mich für verrückt erklären, Sie haben mich doch gar nicht untersucht!« Diese Frage des Königs beantwortete Dr. Gudden mit der angeblich »erdrückenden Beweislast« von Augenzeugen aus der Umgebung Ludwigs, bevor dieser am 10. Juni 1866 wider Willen seine Reise in sein sonst so geschätztes Schloss Berg am Starnberger See antreten musste. Er fand es verändert vor, mit vergitterten Fenstern, Gucklöchern in den Türen und mit Räumen, die von innen nicht zu öffnen waren. Obwohl Gefangener in seinem eigenen Reich, zeigte er sich zur Zufriedenheit von Dr. Gudden und seinen Kollegen eigentümlich ruhig und freundlich, worauf dieser nach München telegrafierte, der König füge sich »wunderbar gut« in seine neue Lage. Er beschloss am Abend des 13. Juni mit seinem Patienten einen Spaziergang zu machen, ohne zusätzliche Begleitpersonen, da er keine Gefahr sah. Ludwig, der den Ärzten und Pflegern immer wieder argwöhnische Fragen stellte, von »Verschwörung« sprach und sich von einem Mordkomplott verfolgt sah, verhielt sich liebenswürdig und gefügig. Er nahm Hut und Schirm – es hatte den ganzen Tag über geregnet an diesem ungewöhnlich kühlen Pfingstsonntag – und verließ mit Gudden um drei viertel sieben Uhr abends das Schloss.

Was danach geschah, kann nur vermutet werden. Zeitzeugenberichten zufolge fand man die Leichen der beiden Männer einige Stunden später im Starnberger See treibend, die Uhr des Königs war um 18.54 Uhr stehen geblieben.

Nach einer panischen Suchaktion waren am Uferzaun zunächst der Hut und der Schirm des Königs gefunden worden. Dort, im Weidenbuschwerk, fand man auch den Rock Ludwigs, der im Überrock steckte, sowie den Schirm Guddens. Aufgrund der Fußspuren im Lehmboden urteilte Graf Eulenberg, ein Augenzeuge: »Der König musste sich seiner (Guddens) entledigen, wenn er fliehen oder sich das Leben nehmen wollte, und in diesem Bewusstsein hatte er den ihm auf den Fersen folgenden Arzt am Halse gefasst und ihn unter Wasser mit so dämonischer Gewalt gedrückt, dass der große, starke Mann bis an die Knie im Lehmboden versank. Die Strangulationsmarken hatte ich an seiner Leiche gesehen.« Der Erzgießer Ferdinand von Miller besichtigte die Stelle vom Kahn aus und berichtete: »Hier war der König halb stehend im Wasser aufgefunden worden. Nachdem Gudden tot war, hatte der König vermutlich an das Ufer hinausgehen wollen, um nach Leoni zu gelangen. Da muss ihn infolge der Aufregung der Schlag getroffen haben. Das ist meine persönliche Auffassung. Ich kann die Ansicht, König Ludwig II. habe sich das Leben nehmen wollen, nicht teilen. Vor dem Parktore waren Radspuren deutlich sichtbar. Man sah an ihnen, dass ein Wagen dagestanden war und gewendet hatte.« Später erzählte man von auf dem See wartenden Kähnen und einem von Kaiserin Elisabeth geschickten Wagen, der Ludwig zur Flucht verhelfen sollte. Wieder andere behaupten, der König sei das Opfer einer Verschwörung seiner Minister gewesen und im See erschossen worden, was man nachträglich geschickt vertuscht hätte. Eine dritte Theorie besagt, der König sei bereits auf dem Weg nach Schloss Berg aus der Kutsche geflohen und auf der Flucht erschossen worden. Wilde Spekulationen um diesen mysteriösen Tod sind seit dieser Zeit im Umlauf.

Nach der Einbalsamierung der Leiche fand am 19. Juni 1886 die Beisetzung des Königs in der St.-Michaels-Kirche in München statt, wo der Sarkophag in der Wittelsbacher Familiengruft besichtigt werden kann. Das Herz Ludwigs II. wird in einer silbernen Urne in der Wallfahrtskirche von Altötting aufbewahrt.

Sein einsames Leben, seine Traumschlösser und sein geheimnisvoller Tod machten den bayerischen Märchenkönig zum Mythos, der Tausende von Menschen aus aller Welt noch heute in seinen Bann zieht.

The End in Lake Starnberg

Cross and Votive Chapel in Berg

How can you declare me deranged, when you haven't even examined me!« This question of the King was answered by Dr. Gudden with the »overwhelming testimonies« from Ludwig's surroundings, before he began the journey against his will to his otherwise beloved Berg Castle at Lake Starnberg. He found it changed by barred windows, peeping holes in the doors and rooms that could not be opened from the inside. Even though prisoner in his own realm, he acted strangely quiet and friendly to the surprise of Dr. Gudden and his colleagues, so that he telegraphed to Munich, that the King was submitting wonderfully to his new situation. On the evening of June 13, not seeing any danger, he decided to take a walk with his patient without further escorts. Ludwig, who kept asking the doctors and attendants suspicious questions, speaking of »treason« and sensing a murder plot, acted compliantly and cooperative. He took his hat and umbrella – it had been raining all day on this extremely cool Whitsunday – and left the castle with Dr. Gudden at a quarter to seven in the evening. What happened after that can only be guessed. According to witness's reports the bodies of both men were found several hours later floating in the lake, the King's watch had stopped at 18 hours 54.

After a panic search the King's hat and umbrella had been found at the shore fence. There in the bushes Ludwig's coat, his jacket sticking in it, and Guddens umbrella were found. Judging by the footprints Graf Eulenberg, a witness, concluded: »Conscious of having to get rid of him (Gudden), if he wanted to escape or kill himself, the King had grabbed the persuing doctor at the neck and ducked him under water with such inhuman power, that the large, strong man sunk into the mud right up to his knees. I saw the strangling marks on the corpse.« The ore smelter Ferdinand von Miller inspected the spot from a boat and reported, »Here the King had been found in the water half standing. After Gudden was dead, the King probably wanted to walk out to the shore, to reach Leoni. There the excitement probably caused a heart attack. That is my personal point of view. I cannot share the opinion that King Ludwig II wanted to take his life. In front of the park gate wheel marks could distinctly be seen. They showed, that a carriage had been standing there and turned.« Later it was told that boats had been waiting on the lake and a carriage sent by Empress Elisabeth to rescue Ludwig. Others said that Ludwig had been the victim of a plot by his ministers and been shot in the lake, what had been hushed up afterwards. A third theory says, that the King had already flown from the coach on the way to Berg Castle and been shot on the run. Wild speculations about this mysterious death circle since that time.

After the embalming, the King's funeral took place on June 19, 1886 in St. Michaels Church in Munich, where the sarcophagus can be viewed in the Wittelsbach family tomb. Ludwig's II heart is kept in a silver urn in the Pilgrimage Church of Altötting. His lonesome life, his dream castles and his mysterious death turned the Bavarian fairy-tale monarch to a myth, that still attracts thousands of people from all over the world.

Die 1896 bis 1900 von Julius und Rudolf Hofmann erbaute Gedächtniskirche bei Schloss Berg erinnert an den Tod des beliebten bayerischen Monarchen.

Built from 1896 to 1900 by Julius and Rudolf Hofmann the Memorial Church near Berg Castle commemorates the death of the popular Bavarian monarch.

Schloss Neuschwanstein, in dem Ludwig II. die »bittersten Stunden« seines Lebens ertragen musste, wurde schon wenige Wochen nach seinem Tod für Besucher geöffnet.

Neuschwanstein Castle, where Ludwig II endured the »most bitter hours« of his life, was opened to the public just a few weeks after his death.

Dieses schlichte Kreuz wurde 1919, nach der Abdankung des letzten bayerischen Königs Ludwig III., an der Stelle im Starnberger See errichtet, wo man in der Regennacht des 13. Juni 1886 die Leichen Ludwigs II. und des Psychiaters Dr. Gudden fand.

This plain cross was erected in 1919 after the demise of the last Bavarian King Ludwig III at the place in Lake Starnberg where the bodies of Ludwig II and his psychiatrist Dr. Gudden were found on the rainy night of June 13, 1886.

Dank

Die Verfasser danken der bayerischen Verwaltung der Staatlichen Schlösser, Gärten und Seen, dem Wittelsbacher Ausgleichsfonds sowie dem Antiquariat Paul Heinemann, Starnberg, für ihre freundliche Unterstützung.

Bildnachweis

Alle Abbildungen stammen von Thomas Jungmann, mit Ausnahme der Abbildungen auf S. 6, 52/53, 54/55, 58, 59 und 60/61, die Klaus G. Förg, Rosenheim, fotografiert hat.
Das Bild auf S. 26 (Lithographie von Elisabeth, Herzogin in Bayern, gemalt von Friedrich Dürk, galvanographiert von L. Schöninger, München) wurde angefertigt im Antiquariat Paul Heinemann, Starnberg.
Das auf S. 6 abgebildete Porträt König Ludwigs II. aus dem König-Ludwig-II.-Museum von Schloss Herrenchiemsee wurde mit freundlicher Genehmigung der bayerischen Verwaltung der Staatlichen Schlösser, Gärten und Seen aufgenommen.
Das Titelbild zeigt Schloss Neuschwanstein, von der Marienbrücke aus gesehen.
Die Abbildung auf S. 2 zeigt ein Detail des Flora-Brunnens im Schlosspark von Linderhof.

Text: Marie-Luise Schmid
Übersetzung ins Englische: Christine Schönmetzler, Bad Aibling
Layout und Satz: VerlagsService Dr. Helmut Neuberger
& Karl Schaumann GmbH, Heimstetten
Druck und Bindung: BAWA Print & Partner GmbH

ISBN 3-475-53133-X